PASADO Y PRESENTE

DEL

ARMAMENTISMO

ISBN: 9781686044410

PASADO Y PRESENTE

DEL

ARMAMENTISMO

Juan Sanz Sanz

Entre Agosto y Septiembre de 1983, hace justamente ahora la friolera de treinta y seis años, JUAN SANZ SANZ (1943 - 2019), desarrolló un concienzudo estudio al que puso el título siguiente: PASADO Y PRESENTE DEL ARMAMENTISMO.

Desgraciadamente acaba de fallecer el cultísimo hombre, un autodidacta al que muchos no dudarían de calificar de prototipo de persona cercana al Renacimiento por la gran cantidad de conocimientos que durante toda su existencia procuró agrandar.

El bagaje que le proporcionaba su sabiduría, debida a la profundidad de la inmersión que durante décadas hizo en la Geografía y en la Historia, unidos a la atenta observación de lo mucho que acontecía por aquellos años en todo el Planeta, le dieron entonces al malogrado autor el impulso necesario para compartir sus reflexiones escritas, de forma privada e individualizada, a algunos de sus contemporáneos.

Con desigual suerte fue acogido, PASADO Y PRESENTE DEL ARMAMENTISMO, y es bueno recordar de nuevo que hablamos de 1983. Desde las felicitaciones más expresivas que le hicieron llegar personas muy encumbradas y de parejas inquietudes y saber, a la indiferencia y desautorizaciones de algunos de los destinatarios de los ejemplares que distribuyó, se desencadenó toda una panoplia de reacciones en las que pesaba mucho en contra suya la palabra, maldita siempre en una sociedad en exceso jerarquizada: AUTODIDACTA.

Sin mover ni una coma de su legado, ahora se publica su trabajo por vez primera.

In memóriam

CAPÍTULOS:

ESTADO DE CRISIS

El sentimiento de crisis, de que la civilización está en peligro, no es algo nuevo en la historia del hombre. Unas veces porque los conflictos sociales parecían no tener solución, otras porque las amenazas del exterior resultaban invencibles y otras a causa de fechas fatídicas que pronosticaban el fin del mundo, a lo largo de la Historia hallamos numerosos testimonios de ello.

Nuestra civilización vive con este sentimiento. Parece como si el futuro no fuera posible. El hombre actual no hace planes a largo plazo, no mira hacia adelante, tratando de sentar las bases de lo que será dentro de una generación o de un siglo. El futuro aparece como algo obscuro, borroso, cuyo perfil no podemos definir; lo vemos con recelo y desconfianza. Y todo ello, ¿por qué? Porque la conciencia colectiva vive bajo el peso, bajo la amenaza que para la supervivencia de la Humanidad significan las armas radiactivas. Todo el mundo tiene conciencia de ello. Desde el lego al iniciado, saben lo que significa. Es un fenómeno turbio, amenazador, que está ahí, que nubla el sentimiento pleno de la vida, que cierra el camino hacia adelante. Todos tenemos conciencia de lo que representa una conflagración con este tipo de armas desproporcionadas, monstruosas, insólitas. La Humanidad vive desasosegada con la extraña sensación de que cualquier día puede ser el último, de que podría estallar en cualquier instante la guerra que la aniquila. Es como el enfermo incurable, que sólo vive el presente y no hace planes para el porvenir. Estamos inmersos en una situación anómala, que ocurre de tarde en tarde y que es preciso afrontar y resolver. Este es el gran problema que tiene el hombre ante sí. Necesita sacudirse esta amenaza y vivir sin el influjo maléfico de esta pesadilla, para mirar con seguridad el futuro y hacerlo posible con su trabajo y con su esfuerzo. Este es el gran reto de nuestra época, el primero que es preciso resolver. La Humanidad se siente desamparada, al borde del abismo. Mientras no supere este escollo, no podrá seguir adelante. Si no lo resuelve, será víctima de sí misma, de los gérmenes destructores que la sociedad lleva consigo.

Pero en nuestra época no son enemigos exteriores quienes amenazan la civilización, puesto que ésta se extiende por todo el Planeta y las sociedades que en él conviven se rigen por sus principios; ni viene del presagio apocalíptico de una fecha fatal. Tampoco son conflictos sociales, que provocan interminables luchas fratricidas y devastadoras, quienes suscitan este sentimiento desesperado. Esta situación ha sido producida por la aparición en nuestro siglo de un elemento nuevo y perturbador -el conocimiento del proceso de la desintegración de la materia-, que surgió primero como un paso más dentro del proceso científico, pero que ha tomado la forma de uno de esos gérmenes destructivos que genera la civilización. El doble efecto de la potencia destructiva desmesurada y de la indeleble contaminación radiactiva es la causa de este sentimiento de amenaza que no va sólo contra la sociedad, sino también contra toda la vida que mora en nuestro Planeta.

Es un hecho tan grave, tan absoluto, que al hombre actual le cuesta un gran esfuerzo de ánimo afrontarlo. Sin embargo, el hecho está ahí, indiscutible, irreversible, y hay que enfrentarse a él. La Humanidad se ha encontrado en otras ocasiones en situaciones desesperadas y apocalípticas y ha logrado superarlas. La que ahora padecemos es, quizás, la más externa de todas. El peligro que hoy corremos es el más grande que jamás ha sufrido el hombre desde su aparición sobre la faz de la Tierra. Ha de superarlo, como superó los peligros anteriores. Para ello es necesario afrontar el problema con claridad y sin inhibiciones, sin que la repugnancia que nos produce el análisis de este fenómeno destructor obnubile el intelecto y nos impida intentar resolverlo.

LOS APUROS DE LA REPÚBLICA ROMANA

En la mayor parte de los casos, esta sensación de amenaza destructora, de peligro irresistible, ha sido motivada por la presión de pueblos exteriores a la civilización. Cuando la sociedad entraba en crisis, su capacidad de defenderse se debilitaba y se sumaban a los males de la convulsión social y el desconcierto internos, el esfuerzo depredatorio de las sociedades extrañas a ella. Hasta nuestra época, todas las civilizaciones se han desarrollado en un espacio geográfico limitado. Solo la nuestra abarca todo el Planeta, y esta es una situación nueva, que plantea problemas nuevos. Pero hasta ahora, siempre ha habido en torno a las civilizaciones una vasta franja de espacio habitado por pueblos semisalvajes, de cultura refleja sólo en el terreno militar, que se ponían en movimiento en cuanto la tensión defensiva de la cultura aflojaba. Las innovaciones en la técnica militar son las primeras que se transmiten y que irradian más lejos y es explicable porque de su aplicación dependen con frecuencia la independencia o la esclavitud, la supervivencia o el exterminio. Puestas las cosas en este límite, es natural que las mejoras en la técnica militar hayan sido imitadas ávidamente por los pueblos que estaban en contacto con la civilización y cuya existencia era mucho más inestable y violenta. Como la civilización entra periódicamente en crisis, estos movimientos hacia el interior de los pueblos exteriores se han repetido de la misma manera. A todo periodo de crisis, ha correspondido otro de invasiones o intentos de invasión, que han sembrado el terror y el desconcierto en la civilización, acentuando sus males. A lo largo de la historia grecolatina podemos seguir con exactitud este proceso.

Cuando las conquistas de Alejandro vaciaron el mundo griego hacia Oriente, los pueblos celtas que habitaban la península balcánica devastaron las ciudades griegas; la invasión de los celtas o galos resultó irresistible para los ejércitos más potentes del mundo de aquella época. Más tarde, en el periodo de plenitud de la República romana, pero coincidiendo con la crisis social que empieza con los Gracos, los pueblos germánicos se ponen en movimiento. La civilización mediterránea estaba ceñida por una franja de pueblos europeos, que era doble. Más cera, los celtas o galos;

y al Norte los pueblos germánicos. Los pueblos celtas amenazaron Grecia e Italia en el siglo III, pero fueron paulatinamente aculturados y dejaron de ser un peligro. A fines del siglo II, coincidiendo con la crisis social romana, los pueblos germánicos inician una penetración, primero sobre la franja celta y más tarde se introducen en los territorios de la vieja cultura mediterránea. Estos pueblos eran bárbaros, extraños a la civilización, de la que, sin embargo, habían adoptado una buena parte de sus técnicas militares. Se trataba de pueblos-ejército, que vivían de la guerra.

Recorrieron las Galias en todas direcciones y luego entraron en Italia. Aunque su número como pueblo no era excesivo, todos los hombres eran combatientes y podían reunir sobre el campo de batalla unos contingentes superiores a los de los grandes ejércitos romanos. Estos presenciaron impotentes sus depredaciones por los territorios de sus asociados galos y esperaron con gran temor el momento en que la oleada invasora entrara en Italia. Al mismo tiempo, por el Sur, los númidas semisalvajes del Mogreb llevan a cabo parecida acción. Fue un momento crítico. La República romana y, con ella, la civilización mediterránea, creyeron que llegaba su última hora; pero supieron reaccionar, hallando soluciones para tan arduo problema. Ante la masa de contingentes que era necesario movilizar para hacer frente a la doble invasión, fue preciso modificar por entero la estructura de la sociedad romana. En primer lugar, el ejército dejó de ser privilegio de la clase media, que aportaba a él su armamento y se repartía en esa medida el botín. Aparecen ejércitos populares, equipados por el Estado, y reclutados entre la plebe, no sólo de la ciudad de Roma, sino de las demás ciudades italianas. Este hecho produciría más adelante grandes consecuencias. Con las masas que de esta forma pudieron reclutarse, los romanos lograron sacudirse la amenaza germánica y bereber, no sin grandes apuros y al cabo de los años. A partir de entonces, la sociedad romana ya no sería la misma. Estas masas que habían contribuido decisivamente a superar el peligro, fueron conscientes de ello y exigieron sus derechos. La lucha social, que había comenzado tímidamente en la época de los Gracos, se agudizaría hasta convertirse en guerra civil, tras la cual la sociedad romana dejó de ser una oligarquía cerrada, haciendo posible la convivencia dentro de las ciudades antiguas. Se llegó a una concordia general entre las clases sociales del mundo mediterráneo, que adoptaría más tarde la forma del Imperio romano. Sería precisamente César quien diera forma al nuevo Estado y su política estuvo determinada también por este fenómeno invasor. Una vez vencida la invasión, era necesario prevenirla en adelante. La acción de César consistió en incorporar a la sociedad mediterránea los pueblos galos, parcialmente aculturados y aliados naturales en potencia, para crear en la Galia un núcleo de resistencia frente a nuevas invasiones germánicas. Con ello, se logró conjurar el peligro durante mucho tiempo.

Extraemos de este caso paradigmático algunas enseñanzas. En primer lugar, los pueblos de cultura superior se sintieron amenazados, al borde la destrucción, de lo que tenemos constancia en los historiadores de la época. Por otro lado, esta situación fue causada por la propia cultura, cuya irradiación había facilitado a los pueblos alóctonos los medios militares con que fue gravemente amenazada. Y por último, la sociedad acosada, supo sacar fuerzas de flaqueza, resolviendo el problema, para lo cual fue necesario que su estructura se modificara radicalmente. Vemos en acción uno de esos gérmenes destructores que lleva consigo la civilización, esta vez a través de factores exteriores. El problema que ahora nos ocupa es de muy diferente contextura. No son factores exteriores, suscitados por la civilización, quienes la amenazan , sino fenómenos anómalos generados dentro de ella, que es preciso resolver. La sociedad grecolatina atravesó un gran peligro y logró superarlo, pero el resultado podría haber sido diferente. Las invasiones hubieran podido triunfar en aquel momento y la historia antigua hubiera sido muy distinta.

LA GRAN MURALLA

DE CHINA

En las civilizaciones mediterráneas y del Próximo Oriente estas situaciones sobrevenían de forma intermitente. Pero la sociedad china ha estado sometida a una presión constante durante miles de años. Ello era debido a que en aquel territorio se produce una transición brusca de las regiones en que es posible la agricultura a aquellas en que es prácticamente imposible y habían de ser abandonadas a los pueblos pastores. La sociedad china es la más sedentaria de todas y en lugar de fundirse con las poblaciones nómadas del desierto, se ha aislado de ellas. Sólo en las grandes épocas de plenitud, es Estado chino se expansionó más allá de los límites de las tierras laborables, buscando a través de las grandes rutas comerciales, como la de la Seda, una comunicación con los lejanos países de Occidente. Para lograr este aislamiento defensivo construyeron una muralla de 3.000 kilómetros, que sigue exactamente la línea que separa los cultivos de los pastos y une el Mar Amarillo con el Tíbet. Era a la vez muralla defensiva y línea de comunicaciones, pues sobre ella discurre una carretera. Los chinos dieron esta extraña solución a su mayor problema. Con frecuencia los historiadores se han preguntado por los motivos de tan insólita fortificación, puesto que realmente era incapaz de detener el paso de un ejército medianamente pertrechado. Sin embargo, esta muralla fue de gran utilidad. Los chinos no tomaron como línea defensiva el curso de un río -el Huang Ho-, como hicieron los romanos frente a los germanos, sino esta línea que separaba agricultores de pastores. A lo largo de ella establecieron un potente dispositivo defensivo, basado en los colonos que poblaban los territorios cubiertos por la muralla. Frente a las grandes invasiones militares este dispositivo era insuficiente, pero no así ante el peligro crónico que provocaba la vecindad de los pastores trashumantes mongoles al otro lado de la frontera. La presencia de la enorme muralla, escalando montañas y salvando abismos, era de un gran efecto sicológico y militar. Sólo las grandes invasiones podían atravesarla, pero las campiñas chinas quedaban a cubierto de las depredaciones anuales contra las que no se podía hacer nada, ya que el pueblo chino hubiera tenido que adoptar la forma de vida de los nómadas para vencerlos. Los chinos se resistieron tenazmente a este cambio y prefirieron la solución de aislarse de ellos.

Pero el efecto de este enorme esfuerzo de ingeniería fue que la sociedad china se sacudió de la sensación de angustia, de peligro inminente, con el cual la sociedad no puede existir y desarrollarse. La sociedad china no podía seguir adelante mientras pendiera sobre ella esta espada de Damocles, que en cualquier instante podía arrasarlo todo. Encontramos aquí un ejemplo paradigmático de lo que se pretende exponer en este análisis. Una civilización no puede desarrollarse sometida al riesgo de que todo cuanto se construya con el esfuerzo colectivo esté en riesgo de ser destruido en cualquier momento por la causa que sea. Necesita tener abierto el futuro, que su esfuerzo tenga una continuidad. El tiempo ha de jugar a su favor. Esta es la situación en que hoy nos hallamos y de la que los ejemplos anteriores son buena muestra. Los chinos se encontraron ante un tremendo problema y lo resolvieron a su manera. Gracias a la Gran Muralla la sociedad china no vivió angustiada y aterrorizada y pudo dar de sí los espléndidos frutos de su cultura milenaria. No estuvo a cubierto de las grandes invasiones militares, que coincidían con sus periodos de crisis pero sí de la presión constante y angustiosa de una amenaza crónica.

SOCIABILIDAD

Y

BELIGERANCIA

Hay que plantearse el fenómeno de la guerra, si queremos seguir adelante. Es un hecho que está ahí, nos guste o nos repugne. La guerra existe y es tan vieja como el hombre. No vamos a justificarla o a descalificarla, puesto que se trata de un fenómeno que es por sí mismo, sin necesidad de nuestra aprobación y sin que nuestra simple repulsa baste para anularlo. Mientras existan armas o la capacidad técnica de fabricarlas, habrán quienes estén dispuestos a utilizarlas para obtener sus fines, cínicos o sacrosantos.

La sociedad es una convivencia de individuos, cada uno de los cuales existe desde sí, como un mundo aparte, los individuos no se integran en la vida social de forma absoluta e incondicional; no renuncian a su individualidad completamente. Al contrario, tratan de defenderla y preservarla. De ahí que sociabilidad y beligerancia son dos factores complementarios sin los cuales la sociedad no sería posible. Si el individuo no pudiera sostener una beligerancia que defienda su individualidad, no se integraría en la vida social, en la colectividad. En la vida social ha de existir un equilibrio entre intimidad y comunidad, entre individualismo y espíritu gregario. Observemos, por ejemplo, que cuanto mayor es la presión social sobre los individuos, más fuerte es el sentimiento individualista. Las sociedades más gregarias son las que tienen, por reacción y necesidad de defenderse de ello, personas más celosas de su independencia individual. Las organizaciones que forman ciertos animales llamados sociales son muy diferentes de la sociedad humana. Los individuos que las forman no luchan entre sí, no tratan de diferenciarse, puesto que su individualidad es la comunidad.

La sociedad humana existe a condición de que la beligerancia, defensa de la individualidad exista. Sin esta condición, el individuo nunca se hubiera integrado en la vida social y nunca hubiera superado su organización la forma de la horda familiar, sostenida por las fuerzas primitivas del instinto sanguíneo, de la afinidad fisiológica, como en los animales.

La guerra no es más que una manifestación, una forma entre otras, de esta beligerancia radical que constituye la sociedad humana. Pero, a su vez, frente a la beligerancia inevitable es preciso que el factor complementario, la sociabilidad, actúe con toda su fuerza, contrarrestándola y limitándola. Si la beligerancia es necesaria para que el individualismo se mantenga y el hombre pueda integrarse en la sociedad, la sociabilidad no debe ser vulnerada por esta beligerancia crónica. La sociedad existe cuando estos dos factores son complementarios y no antagónicos; cuando se enfrentan entre sí, la sociedad se disuelve.

Cada Estado forma una individualidad social, frente a la que están las restantes individualidades estatales. Entre los Estados, las diferencias culturales, idiomáticas, económicas, las disputas de intereses, acentúan esta individualidad, separando y enfrentando a unos con otros. Cada unidad estatal forma un mundo aparte, un punto de vista diferente, una concepción distinta de los problemas. El fenómeno de la beligerancia radical, que intenta defender la identidad o individualidad de las unidades estatales, se manifiesta en interminables fricciones, rivalidades, disputas. No es el Estado la única unidad social, el único ámbito de convivencia de los individuos, pero si es el principal de ellos, pues sólo él tiene unos medios materiales colectivos, un cuerpo, unos límites físicos.

La guerra no es sino el extremo que adopta esa beligerancia, pues por medio de ella una unidad estatal pretende destruir otra unidad estatal. Las guerras entre Estados son el caso más frecuente en la Historia. Mucho menos frecuente son las guerras entre clanes sociales (revoluciones y contrarrevoluciones) o las guerras entre partes del Estado (guerras civiles), cuando éste se escinde y polariza en dos unidades antagónicas.

Este fenómeno es general, crónico, eviterno. Pero la

beligerancia elemental que constituye uno de los factores determinantes de la vida social no tiene por qué manifestarse necesariamente en la forma de la guerra. Al contrario, la sana rivalidad, la fricción inevitable, no deben degenerar en disputas agrias e irreversibles, que conduzcan a esa situación dramática en la que supervivencia de la unidad social dependa de la aniquilación de otra. Sin embargo, con frecuencia es así. Ahí tenemos la crónica de la historia, plagada de luchas truculentas. Para evitarlo, es preciso que la sociabilidad, el espíritu de convivencia, de concordia, actúen con toda su fuerza, buscando unas condiciones naturales dentro de las cuales pueda restablecerse la paz social.   Es la antítesis entre la política y la guerra. Se ha dicho cínicamente que la política no es más que la continuación de la guerra, pero con otros medios. Este esfuerzo colectivo de una unidad estatal por destruir a otra es uno de los fenómenos más dramáticos y extremos que ocurren en la vida social y con frecuencia observamos que, analizando los acontecimientos, el fenómeno bélico hubiera podido evitarse, ser reprimido, reducido a la tensión inferior que son las meras discrepancias.

GUERRA EN LA PAZ

El problema ante el que hoy nos hallamos no es el de esa beligerancia crónica, que a veces se manifiesta en la forma de la guerra, ni esas apariciones de militarismo, producto del nacionalismo hipertrofiado. El estallido de la conflagración en nuestra época es muy difícil por la existencia de las armas radiactivas. Esta es una de las virtudes que se les atribuyen, pues se dice que el temor a la destrucción nuclear hace imposible la guerra. Veremos más adelante lo que hay de cierto en esto. Lo que si es evidente es que las armas nucleares originan una situación nueva e insólita. En nuestra época no hay causas sociales extremas ni rivalidades nacionalistas exacerbadas, como las de la primera mitad de este siglo, que hagan subir la tensión entre los Estados hasta ponerlos al borde de la guerra. La mayor parte de los conflictos que existen hoy podrían resolverse por la vía pacífica. Son problemas sociales, económicos, culturales. Podrán solucionarse con la aplicación de medios materiales y con una voluntad general de concordia; ambas cosas existen en el mundo actual.

Sin embargo, a pesar de que los motivos de fricción grave no existen, en nuestra época asistimos a una desaforada y frenética carrera de armamentos. Desde hace más de treinta años las grandes potencias militares la sostienen, tratando de situarse en un nivel de virtual superioridad ante cualquier conflagración que pudiera estallar en un futuro indeterminado. Es el propio temor a las armas atómicas, a su tremenda capacidad de exterminio y aniquilación, quien genera este proceso de beligerancia ascendente. Nos hallamos hoy en una situación de guerra larvada, solapada. Las grandes potencias -y, a su influjo, todas las demás-

realizan unos gastos militares desproporcionados. Hay, igual que en la guerra un desgaste constante de armamentos, no porque se utilicen, sino porque han de ser desechados ante la aparición de otros más perfeccionados. Sus secuelas sólo se manifiestan -más adelante veremos cómo- en el terreno económico y social, al obligar a hacer a la sociedad unos gastos mayores de los que puede soportar.

La carrera de armamentos no es, realmente, una novedad. La pugna entre los Estados de todas las ápocas ha llevado hasta ella. Pero a la carrera de armamentos que podríamos llamar habitual, con armas convencionales, se suma en esta época la que algunas potencias sostienen con la fabricación de ingenios nucleares. A los gastos tradicionales de aquella, se suman los excepcionales de ésta. Sin embargo, el temor mutuo a la posibilidad de que estas armas terroríficas sean utilizados por alguien, hace que esta pugna no pueda detenerse. Los problemas sociales y económicos de nuestra época pasan a un segundo plano. No pueden ser afrontados, pues los recursos que se necesitarían para ello son destinados a algo que aparece mucho más perentorio e

**ineludible: preservar   la
supervivencia.**

LOS GASTOS BÉLICOS DENTRO DE LA ECONOMÍA MUNDIAL

La cantidad de gastos militares que un Estado puede realizar es muy limitada con respecto al conjunto de su economía. Son gastos que no generan riqueza de forma directa o indirecta y, desde un punto de vista estrictamente económico, resultan onerosos. Concebidos los ejércitos como un instrumento de defensa de la nación sólo producen un beneficio económico remoto, al disuadir a otros Estados de la posibilidad de vulnerar su economía por medios coactivos. Esto es considerado muy importante para la supervivencia de los Estados y en esa medida el esfuerzo económico que la sociedad realiza para el mantenimiento de un dispositivo militar se ve como necesario. Pero las inversiones que se realizan en el terreno militar no generan riqueza, no son el origen de un ciclo de producción, De ahí que, a diferencia de las actividades económicas propiamente dichas, no se sostienen a si mismos, no generan nueva actividad económica. Por esta razón, siendo que económicamente la actividad militar no se sostiene a sí misma, sino que ha de ser sufragada por el resto de la economía, su desenvolvimiento sólo puede surgir de los beneficios de la economía general de una sociedad. Estos beneficios, este superávit económico es muy limitado, representa un pequeño porcentaje sobre el conjunto de la producción.

Entre los gastos estatales, no son los militares los únicos que no generan nueva riqueza. También buena parte de los que sirven para mantener la organización social tienen ese carácter. Sólo a largo plazo producen un beneficio económico para la sociedad. La moderna organización de la sociedad hace que exista una economía estatal en muchos países, cuyas inversiones producen una mejora económica de forma inmediata. Gran parte de los gastos sociales son de esta naturaleza, pues contribuyen a la generación de riqueza que promueven las inversiones estrictamente económicas. Pero sólo los gastos militares y los gastos que mantienen la organización social o administrativa son, desde un punto de vista puramente económico, una carga para la sociedad, que los afronta por los motivos apuntados más arriba de mantener la organización social y asegurar la supervivencia.

De ahí que la sociedad haya de ser muy prudente con este tipo de gastos que no contribuyen a generar nuevas actividades económicas de forma inmediata. Si se produce una hipertrofia de ellos, la economía corre el riesgo de asfixiarse. Se confunde con frecuencia el potencial económico de un país y su capacidad de sostener un esfuerzo bélico ilimitado. Incluso en estado de guerra, sólo una parte de la capacidad productiva puede dedicarse a su mantenimiento. Si los gastos militares rebasan cierto límite, la economía corre un serio peligro, y esta es la situación a la que parece haberse llegado en la actualidad. Cuando los gastos estatales y militares van más allá de lo soportable, se convierten en parásitos que arruinan a la sociedad. De ser gastos considerados necesarios, pasan a ser

simplemente parasitarios. La
doble carrera de armamentos, que
aumentan el esfuerzo económico, es
la causa.

MILITARISMO

Al ocurrir esto, nos hallamos en el umbral de una nueva situación. Si los gastos militares no rebasan cierto límite, la sociedad puede sobrellevarlos sin trauma. Pero si van más allá, se produce el fenómeno de que, para no ser insoportables a la sociedad que los realiza, se les intenta convertir en una fuente de ingresos que compense los excesivos gastos realizados y los haga soportables. La función militar, concebida como algo defensivo, puede tornarse depredatoria y dar origen a una de las formas del militarismo. La guerra se convierte en la fuente de ingresos con los cuales se cubren unos gastos militares que la sociedad no puede sostener de por sí. La hipertrofia de los gastos militares conduce inexorablemente hasta la guerra, pues sólo mediante la guerra de conquista la sociedad es capaz de hacerles frente.

Se produce entonces el fenómeno paradójico de que, considerados los ejércitos como instrumentos para evitar la guerra, al rebasarse este límite económico, se convierten en causa de guerra, ya que sólo de ella pueden seguir existiendo. Esto da origen a la forma más grave y peligrosa del militarismo.

Hay un militarismo que nace del nacionalismo desmesurado; en él, una nación sólo se ve a sí misma e ignora y menosprecia el poder de las demás. Llevada por su estupidez, se embarca en aventuras militares funestas, insensatas. Un caso reciente lo hallamos en la Alemania de hace medio siglo, que "a priori" no podía ganar la guerra y, sin embargo, lo intentó, con el resultado conocido.

Pero hay un militarismo mucho más grave que aparece cuando la función militar resulta excesiva para la potencia económica que la sostiene y entonces la guerra surge como una necesidad, que es preciso, mediante ella, compensar con el pillaje los gastos que se realizan con el mantenimiento de un dispositivo militar excesivo y a los que la sociedad no puede hacer frente. Este dispositivo militar desproporcionado necesita de la guerra para seguir existiendo. Hay muchos ejemplos de esto en la Historia, pero quizás el más notable sea el de los asirios, que de fines del siglo X a.C, mantuvieron una organización estatal que vivía de la guerra y para la guerra, devastando sistemáticamente los países del Asia Occidental y nutriéndose de estas depredaciones, hasta que fueron destruidos por otro militarismo más extremo todavía.

ARMAMENTISMO

Numeroso factores que condicionaban antaño fuertemente la actividad bélica han perdido su valor en nuestra época. El armamento es hoy el único factor bélico importante, Las innovaciones técnicas que en este campo se realizan, tienen una trascendencia mucho mayor a la que tuvieron en el pasado, aunque las innovaciones hayan sido constantes a lo largo de la Historia. El hecho estrictamente armamentista cobra en nuestro tiempo especialísimo relieve. Antes ese factor era decisivo, pero estaba condicionado por otros, especialmente por los obstáculos que la Naturaleza impone a l actividad bélica. Dentro de la situación actual sólo entra en juego la potencia de las armas. Es una situación rara e insólita, que sólo ha acontecido entre Estados pequeños y muy próximos. En este sentido, la guerra actual es una guerra de campanario, como las luchas internas entre facciones de las ciudades medievales italianas, que desde sus elevadas torres se hostigaban a un tiro de ballesta. Sin embargo, el parecido termina aquí, pues frente a la potencia ofensiva y destructora no existe una potencia defensiva que la contrarreste.

No estamos inmersos todavía en el problema del militarismo, que ocurre cuando un Estado está dispuesto a utilizar sus medios militares de forma consciente y sin que las circunstancias le hayan puesto en el disparadero. Hoy nos encontramos ante el problema del armamentismo, que ocurre cuando se da la situación anómala de que sólo las arman cuentan. Es el armamentismo puro, sin táctica, sin estrategia; sólo cantidad, potencia y alcance de los ingenios explosivos.

LA PUGNA ECONÓMICA EN LA CARRERA DE ARMAMENTOS

Desarrollándose la pugna bélica actual principalmente bajo la forma de carrera de armamentos, la capacidad industrial de fabricarlos es lo único decisivo. Son en definitiva los factores económicos quienes determina cual sea el vencedor. Pero existe en este asunto un notable equívoco. Los países occidentales tienen una considerable superioridad financiera sobre los del bloque oriental, si se considera el conjunto de sus producciones económicas. Pero la economía de los países del Este, al tener métodos de producción estatales en los que no existen los intermediarios, realizan la fabricación de esos ingenios bélicos a un costo más bajo. Por otro lado, si las economías occidentales tienen una producción global mayor porque su economía es mucho más diversificada y heterogénea, en las producciones básicas que suministran los elementos con que se fabrican las armas nucleares y las convencionales, las economías del Este no son inferiores. Es evidente que los occidentales basan sus esperanzas de ganar esta carrera de producción de armamentos en datos estadísticos generales, no en los datos específicos que importan. En este terreno, La igualdad es notable.

Esta carrera de fabricación de ingenios nucleares no puede ser ganada por nadie y prolongarla más es una insensatez que ya está produciendo hoy las primeras consecuencias: el empobrecimiento general del mundo que empieza a observarse.

BELIGERANCIA UNIVERSAL

La posibilidad de una destrucción generalizada mediante el empleo de las armas atómicas provoca un sentimiento de inseguridad, una sensación de peligro colectivo que todos los Estados comparten. En lugar de existir un clima de distensión y confianza, inconscientemente se reacciona ante ese peligro hipotético, procurándose cuantos medios militares les permitan sus economías y aún los que éstas no pueden sufragar. El instinto de conservación de las naciones actúa de ese modo. Nadie puede sentirse seguro, el peligro es universal.

A esto se añaden los conflictos sociales internos, que no es posible resolver por falta de medios materiales y porque no existe ese clima de seguridad. Hemos indicado repetidamente que los medios económicos que serían necesarios para solucionar los problemas sociales, son destinados en buena medida la carrera de armamentos de las grandes potencias. El Estado, es incapaz de dar salida a sus problemas sociales y económicos, se encuentra con dificultades internas crecientes a las que no puede dar solución. El Estado se siente en peligro dentro del Estado, pues la sociedad se vuelve contra él. Estado y sociedad se convierten en antagónicos; se abre un abismo entre ambos. La organización estatal reacciona ante el problema tomando una actitud defensiva frente a la sociedad, reprimiendo los conflictos sociales ya que no puede solucionarlos. El Estado aumenta de esa manera, sus medios militares para protegerse de la reacción social y de las turbulencias que la acompañan.

Por otro lado, a este doble proceso de aumento de los medios militares de los Estados corresponde un aumento de las tensiones fronterizas, debido a que los Estados disponen de más medios bélicos de los que, en realidad, necesitan. Este aumento de la capacidad militar de unos y otros es un peligro para todos y cada uno. Ningún Estado se siente seguro tras sus fronteras, frente a unos vecinos que disponen de unos medios militares con frecuencia superabundantes. De esta forma, el sentimiento general de peligro ante una conflagración universal y al aumento de los conflictos sociales se añaden las tensiones fronterizas, ya que los Estados se sienten cada vez menos seguros frente a los demás. En nuestra época están ocurriendo numerosas guerras fronterizas, nacidas de la hipertrofia de la capacidad militar y como un medio de desviar las tensiones sociales hacia el exterior.

La carrera de armamentos entre las grandes potencias es acompañada desde hace algunos años por una carrera armamentista en la mayor parte de los restantes Estados, que se sienten inseguros, amenazados. Este es un fenómeno tan grave como aquél. El esfuerzo militar que muchos países con economías débiles están realizando en nuestra época rebasa todo lo razonable. No todos, pero sí buena parte de sus problemas sociales y económicos se solucionarían si esos gastos armamentistas se destinaran a este fin. Pero no se hace porque existe un sentimiento colectivo de desconfianza y porque, en realidad, sus problemas tampoco se solucionarían completamente mediante la aplicación de esos recursos a dar salida a los problemas políticos y sociales- Esta solución no puede ser obra exclusiva de los Estados menores, cada uno por si, sino que ha de venir de una acción colectiva de la comunidad internacional, puesto que sólo a ese nivel pueden resolverse.

EQUILIBRIO ENTRE ARMAS OFENSIVAS Y DEFENSIVAS

Ocurre en nuestra época, además, un problema gravísimo: el equilibrio entre las armas ofensivas y las defensivas. No es una cuestión específicamente militar, ya que su transcendencia hoy está siendo realmente dramática. Las armas ofensivas han ido siempre en vanguardia de las innovaciones, puesto que el propósito de la guerra, aunque se diga que los ejércitos están para defender la sociedad, en realidad se conciben para vencer la resistencia de presuntos adversarios. Por esta razón, las innovaciones en la técnica militar han comenzado siempre por las armas ofensivas, destructivas. Las defensivas, capaces de resistir el impacto de las otras, han sido creadas luego. La aparición de una nueva arma ofensiva ha planteado siempre un grave problema que se ha intentado resolver y no siempre se ha conseguido.

Durante la Primera Guerra Mundial las masas de fuego de la artillería eran tan desmesuradas que, no habiendo nada capaz de resistirlas, las consecuencias mortíferas son de todos conocidas. Como reacción a ello, aparecen los primeros blindados, capaces de contrarrestarlos. La enorme potencia de la artillería de principios de siglo suscitó la aparición de los vehículos blindados. Durante la Segunda Guerra Mundial se mantiene un cierto equilibrio entre ambos tipos de armas, pero en sus postrimerías surgen las armas atómicas, de potencia irresistible y contaminación indeleble. Han transcurrido casi cuarenta años sin que, frente a estas armas destructivas, hayan aparecido otras defensivas que restablezcan el equilibrio. El mundo se encuentra inerme frente a tan colosal potencia destructora.

Las organizaciones militares han puesto un enorme empeño en desarrollar y aplicar las armas radiactivas, cuya capacidad mortífera es incontenible. Pero no se ha dado el menor paso para anular su potencia mediante ingenio o dispositivos capaces de resistir su impacto. Sólo se han puesto en juego armas ofensivas capaces de interceptar las armas ofensivas del adversario; son armas ofensivas como las otras que hacen el papel de defensivas. Esta interceptación podría fallar y cualquier blanco quedaría inerme.

Pero aquí nos tropezamos con el más grande y terrible de los problemas, pues frente a estas armas ofensivas, no puede haber armas defensivas. Es tal su potencia que serían necesarias fortificaciones subterráneas, a cientos o miles de metros de profundidad, autónomas, protegidas por masas de roca, en las que el impacto no hiciera mella. El mundo tendría que llenarse de estos dispositivos trogloditas, única garantía e que el atacante no consiga destruir completamente los medios de respuesta. ¿Es este el porvenir que le aguarda a la Humanidad? Entretando, la radiación habría destruido la mayor parte de la vida en la Tierra y estos enclaves serían su último refugio.

Esta es una razón determinante e incontestable para que ese tipo de armamento sea abandonado de forma absoluta y radical: no hay defensa contra él. Al hombre no le interesa combatir con un arma frente a la que no tiene defensa si está también en manos del adversario. Esta ha sido una regla general en la Historia. Otras armas de eficacia mortífera desorbitada han estado en manos del hombre y no han sido utilizadas por esa razón; así, los tóxicos que el hombre hubiera podido utilizar siempre pues innumerables plantas se lo suministran y han sido empleadas en farmacopea, en la caza, desde tiempos inmemoriales. Sin embargo, no se ha empleado este método destructor porque ataca la vida en su conjunto, no sólo al supuesto contrincante. En inficionamiento de las aguas con tósigos es algo que hubiera podido hacerse con suma facilidad, pero esa toxicidad permanece de forma perenne, arruinando la vida y los medios de subsistencia.

Las armas radiactivas son de esta naturaleza. Lo de menos es su tremenda potencia explosiva. La aniquilación vital que su radiación provoca, causa daños absolutamente irreparables en toda la existencia. Sólo ciertos pueblos muy primitivos, que viven dispersos y aterrorizados, perdidos en las selvas tropicales, utilizan hoy armas químicas equivalentes a éstas. Las armas radiactivas no son, en definitiva, más que armas químicas y la civilización actual está dando muestras de una inexplicable barbarie al igualarse con los indígenas del Amazonas.

El hombre ha descubierto repentinamente la enorme vorágine de la desintegración nuclear y parece haber perdido el sentido de la realidad. Estas no son armas que correspondan a nuestra época; su capacidad destructora no está en función de las resistencias militares que ha de vencer. Son engendros para otro tiempo, monstruos que, a fuer de tales, parecen antediluvianos. Es como si los monstruos del Mesozoico hubieran vuelto a la Tierra y trataran de reconquistarla, destruyendo la vida que hoy existe y restableciendo la que había hace cien millones de años. Este es el camino que indudablemente lleva la Humanidad, de no resolverse el más grave y perentorio de sus problemas, cuya solución no puede ser otra que el abandono absoluto y radical de estas armas disparatadas y aberrantes.

RIVALIDAD ENTRE ARMAS NUCLEARES Y BLINDADAS

Cabe plantear la duda sobre la eficacia de este tipo de armas en el terreno estrictamente militar. Es probable que en un futuro no lejano se desencadene una lucha por el predominio entre las armas radiactivas y blindadas. Se trata de dos formas bélicas distintas, e incluso antagónicas, aunque parezcan complementarias. Las armas radiactivas tienen su eficacia contra blancos humanos -ciudades, sistemas de producción y de comunicaciones-, desarticulando y devastando el dispositivo económico del adversario, a costa de llevar a cabo esa terrible contaminación a la que nada escapa. Es un arma que produce efectos destructores sobre la economía, aniquilando los medios de subsistencia. Mas, ¿qué eficacia real tiene esta forma destructora frente a los ejércitos mecanizados y blindados? Estos actúan de forma dispersa, móvil, autónoma, sin ofrecer un blanco definido.

Es indudable que, de seguir este proceso, se desarrollará, paralelamente al progreso de las armas nucleares, el de los ejércitos mecanizados, cada vez más autónomos, menos dependientes de unos centros industriales concretos, con capacidad de actuar con absoluta independencia de ellos, desparramados lo suficiente para que la eficacia de las armas nucleares se diluya. De no llegarse a una renuncia voluntaria a la utilización de las armas radiactivas, que son contraproducentes e innecesarias, el mundo se poblará de grandes ejércitos mecanizados como última garantía frente a un ataque nuclear. Estos ejércitos blindados evolucionarían en el sentido de hacerse invulnerables a las armas químicas o radiactivas y, tal vez, podrán seguir actuando tras un ataque nuclear en el que los medios de producción de un país hayan sido aniquilados. Es la última alternativa que quedará frente a la superioridad que en el armamento nuclear algunas potencias monopolizan. La resistencia de los pueblos atacados con las armas radiactivas se centraría entonces en estos ingenios convencionales. Por el camino que se lleva, acabará produciéndose una lucha por el dominio del mundo entre los ejércitos convencionales y las rampas de cohetes y satélites portadores de armas nucleares. Los caracteres de esta contienda podemos imaginarlos. Es algo que terminará sucediendo, pues los ejércitos mecanizados no van a ceder la supremacía.

Si la tecnología nuclear está hoy al alcance de muchos países, no ocurre lo mismo con su utilización en gran escala, que depende de la aportación de minerales radiactivos sobre cuya producción se ejerce un celoso control. Sólo un número limitados de países podrá fabricarlos en gran cantidad y éstos dispondrán siempre de una superioridad en ese terreno. Por el contrario, la fabricación de armas blindadas corresponde a una tecnología más sencilla y generalizada, que está al alcance de un número mayor de países. Existiendo ese antagonismo entre los dos modos bélicos, los países amenazados por la superioridad nuclear de unos pocos, intentarán preservar su supervivencia mediante del desarrollo de ejércitos blindados cada vez más autónomos. Así se produce otro efecto multiplicador, en el que el crecimiento del armamento nuclear provoco un aumento constante de los efectivos blindados, coa que está acorriendo en el mundo de forma acelerada en los últimos años.

LA PAZ ARMADA

Precisamente uno de los hechos que enrarecen y dificultan la posibilidad de un acuerdo de paz entre las grandes potencias, basado en un equilibrio militar es que si en el terreno de las armas nucleares existe una cierta igualdad, parece no ocurrir lo mismo en el de las armas convencionales: el bloque militar del Este parece tener una manifiesta superioridad. Haría falta que existiera un equilibrio en las armas convencionales para que lo que se llama la "paz armada" fuera posible. La enorme masa de blindados del bloque del Este, que en pocas semanas podrían llegar al Estrecho de Gibraltar o al de Ormuz, son un factor más a tener en cuenta que sus rampas de lanzamiento. La utilización de éstas, en caso de conflagración, entra dentro de lo hipotético, podría no producirse, pero el avance de esa máquina es seguro e irresistible.

Los occidentales intentan contrarrestar esta superioridad con el desarrollo de armas estratégicas de dudosa eficacia en el terreno específicamente militar. Es preciso que se llegue a un equilibrio en cuanto a las armas convencionales para que la paz sea posible y la utilización de las radiactivas sea desechada. Mientras aquel equilibrio no se alcance, este objetivo vital para la supervivencia humana estará fuera de lo posible. Es dentro de las armas convencionales donde hay que conseguir una igualdad para que el equilibrio nuclear no sea necesario y se abandone la utilización de estos ingenios letales.

LA POLÍTICA DE PRESIÓN

El esfuerzo económico que las dos grandes potencias militares realizan para el mantenimiento de la carrera armamentista es desproporcionado con sus propios medios. Ello se traduce en el enorme déficit de su economía, en un caso, y en la incapacidad para salir del estancamiento, en otro. Las consecuencias para la economía mundial son muy graves, pues todos los países colaboran, directa o indirectamente, en esta pugna. Los 800.000 millones de dólares gastados el año pasado en los presupuestos militares son algo más que una cifra: son la expresión de un estado de cosas peligroso; es mucho más de lo que la economía mundial puede soportar. Pero estos gastos no sólo se mantienen, sino que aumentan y la causa está en la política de presión que las grandes potencias ejercen entre sí, pensando que es el medio para ganar la carrera, para colocar al adversario en condiciones de inferioridad.

Sin embargo, este concepto parte de un supuesto equivocado. Se puede ejercer una presión cuando existe superioridad de una de las dos partes. Pero no en este caso, habiendo cierta igualdad. Mediante la presión no se va a reducir, a contener al contrario. Ni siquiera habiendo una superioridad notable esta política de presión da siempre los resultados esperados. Un ejemplo de ello es la reciente confrontación entre Estados Unidos y el Japón en el Pacífico hace medio siglo. La potencia industrial americana era diez veces superior a la nipona. Los territorios japones fueron envueltos por un dispositivo militar tan formidable que se pensaba que los japoneses se iban a resignar. Esto hubiera sido así si los japoneses tuvieran el espíritu pragmático de los americanos, pero su mentalidad es muy otra y, con ello, su reacción a esta política de presión. El resultado es conocido: una reacción desesperada.

Es precisamente de estas reacciones desesperadas de las que debemos prevenirnos, pues no están hoy fuera de lo posible. Si el deterioro de la economía, acentuado por el empobrecimiento general, alcanza un punto al que no se le encuentre salida, dentro de unos años estará en lo posible que se produzca una reacción insensata por alguna de las partes. Efectivamente, al no verse una solución razonable, entrarán en juego las soluciones irracionales. Entonces podría ponerse sobre la mesa la posibilidad de un golpe de mano, un ataque por sorpresa -uno de esos panes infalibles que siempre hay a quien se le ocurren-, cuyos resultados serían, con toda posibilidad la hecatombe de toda la Humanidad. Es una posibilidad que está ahí, es un riesgo que corremos. El logro de un equilibrio militar sólido, basado en las armas que no pueden producir estas consecuencias aniquiladoras, es la única solución.

EPÍLOGO

El hombre actual está jugando a los despropósitos. Nadie desea que una guerra de esta naturaleza ocurra y, en el fondo, nadie cree que pueda estallar. Pero se finge que se cree y se actúa como si se creyera. De hecho, se está actuando como si la destrucción apocalíptica, de la mano del hombre, fuera posible y se ponen los medios para ello. Es la vieja fábula del pastor y el lobo. Porque ese lobo hipotético con que se amenaza y que no se espera que pueda aparecer, podría asomar las orejas el día menos pensado. Los hechos pueden llegar a ser más fuertes que las voluntades y es preciso prevenir desde ahora mismo una situación que parece inevitable con la evolución que siguen los acontecimientos.

Para ello es necesario:

1º. Renunciar de forma absoluta a la utilización de las armas radiactivas, dejando en funcionamiento tan sólo las armas convencionales. Si se alcanza un equilibrio en este terreno, podrá lograrse una paz duradera. En el peor de los casos, el armamento convencional es más que suficiente para dirimir cualquier disputa de poder.

2º. Crear las condiciones sociales y políticas para que estos conflictos bélicos, aún con armas convencionales, no tengan que estallar. Si se dejara de hacer el enorme gasto en armamento nuclear y estos recursos se dedicaran a la solución material de los problemas sociales, dentro de un ambiente de distensión y confianza, tendríamos la base para que los conflictos bélicos estuvieran fuera de lugar.

Nuestra época necesita resolver este problema. El empleo de las armas nucleares significa, ni más ni menos, el comienzo del fin del mundo. ¿Será preciso que ocurra una hecatombe genocida para que la Humanidad que sobreviva escarmiente?

SINOPSIS

Nos hallamos hoy en una situación de guerra larvada, solapada. Las grandes potencias -y, a su influjo, todas las demás- realizan unos gastos militares desproporcionados.

Hay, igual que en la guerra un desgaste constante de armamentos, no porque se utilicen, sino porque han de ser desechados ante la aparición de otros más perfeccionados. Sus secuelas sólo se manifiestan -más adelante veremos cómo- en el terreno económico y social, al obligar a hacer a la sociedad unos gastos mayores de los que puede soportar.

La carrera de armamentos no es, realmente, una novedad. La

pugna entre los Estados de todas las épocas ha llevado hasta ella.

El hombre ha descubierto repentinamente la enorme vorágine de la desintegración nuclear y parece haber perdido el sentido de la realidad. Estas no son armas que correspondan a nuestra época; su capacidad destructora no está en función de las resistencias militares que ha de vencer. Son engendros para otro tiempo, monstruos que, a fuer de tales, parecen antediluvianos. Es como si los monstruos del Mesozoico hubieran vuelto a la Tierra y trataran de reconquistarla, destruyendo la vida que hoy existe y restableciendo la que había hace cien millones de años.

Este es el camino que indudablemente lleva la Humanidad, de no resolverse el más grave y perentorio de sus problemas, cuya solución no puede ser otra que el abandono absoluto y radical de estas armas disparatadas y aberrantes.

BIOGRAFÍA

Autodidacta, Juan Sanz Sanz (1943-2019), se dedicó, desde la primera juventud, a desentrañar los problemas que le planteaban las lecturas de los hechos históricos narrados por los distintos autores que frecuentemente divergían entre sí.

La Geografía fue una de sus grandes aficiones y motivo de ferviente estudio, no existiendo en la Planeta lugar, por muy recóndito que se hallase, del que no se hubiera informado exhaustivamente.

El atento seguimiento de la realidad social y política en la que transcurrió su existencia se tradujo en propuestas de aprovechamiento hídrico en tres continentes y cada uno de los proyectos fue enviado en su día a los lugares que calculó más idóneos para su consecución.

Los idiomas -léase francés, inglés, italiano, portugués y alemán, además del suyo propio, el castellano-, no tenían secretos para él y así pudo disfrutar plenamente de la Literatura escrita en ellos, otra afición en la que, como hombre ilustrado, encontraba a sus iguales.

Deja muchos trabajos literarios prácticamente a punto de publicar, algo que se procurará dar a la luz pública.

www.ingramcontent.com/pod-product-compliance
Lightning Source LLC
Chambersburg PA
CBHW070715250726
48662CB00001B/436